JULIA PENEDER

MONTESSORI-IDEEN FÜR DIE KÜCHE

KOCHEN MIT KINDERN

JULIA PENEDER

MONTESSORI-IDEEN FÜR DIE KÜCHE

KOCHEN MIT KINDERN

Grundlagen,
Impulse und Rezepte,
um die Selbstständigkeit
deines Kindes zu fördern

riva

Bibliografische Information der Deutschen Nationalbibliothek
Die Deutsche Nationalbibliothek verzeichnet diese Publikation in der Deutschen Nationalbibliografie. Detaillierte bibliografische Daten sind im Internet über http://d-nb.de abrufbar.

Für Fragen und Anregungen
info@rivaverlag.de

Originalausgabe
2. Auflage 2023

Türkenstraße 89
80799 München
Tel.: 089 651285-0
Fax: 089 652096

Redaktion: Ulrike Reinen
Umschlaggestaltung: Maria Verdorfer
Umschlagabbildung: Florentina Klampferer
Illustrationen: Shutterstock.com: NikWB, kimnimo, Flowicon
Layout: inpunkt[w]o, Wilnsdorf (www.inpunktwo.de)
Satz: inpunkt[w]o, Wilnsdorf (www.inpunktwo.de)
Druck: Florjancic Tisk d.o.o., Slowenien
Printed in the EU

ISBN Print 978-3-7423-2205-0
ISBN E-Book (PDF) 978-3-7453-1970-5
ISBN E-Book (EPUB, Mobi) 978-3-7453-1971-2

Inhalt

Vorwort

»Montessori« – gehört hat dieses Wort sicherlich jeder schon einmal. Schade ist aber, dass nur die wenigsten wissen, was eigentlich alles dahintersteckt und wie wertvoll und nachhaltig die damit verbundene Herangehensweise für unsere Kinder und auch für uns Erwachsene sein kann – vor allem in Bezug auf die täglichen Tätigkeiten in der Küche.

Kochen mit Kindern klingt für viele nach Stress und Chaos. Ich möchte dich mit meinem Buch an die Hand nehmen und dir zeigen, dass dies so eigentlich gar nicht stimmt. Kinder in der Küche mit einzubeziehen ist so wertvoll und muss überhaupt nicht anstrengend oder schwierig sein. Die Ansätze der Montessori-Pädagogik sind dafür die richtige Basis. Leider werden darüber immer wieder Unwahrheiten verbreitet, und das Wort »Montessori« gerne mal zweckentfremdet. All dem möchte ich mit meinem Buch ein bisschen entgegenwirken und deutlich machen, wie toll man die Montessori-Pädagogik zu Hause in den Alltag, und vor allem in der Küche, integrieren kann – und wie sehr unsere Kinder davon profitieren können.

Für weitere Infos, Videos und mehr schaue doch gerne auf meinem Blog (diy-inspiration-montessori.at), Instagram-Account (@julia.kreativblog) und Shop (shop.julia-kreativblog.at) vorbei. Die Suche funktioniert dabei ganz einfach und führt dich durch viele spannende Themen.

Ich wünsche dir ganz viel Freude beim Schmökern und hoffe, dass ich vielleicht für den ein oder anderen »Aha-Effekt« sorgen kann. Doch am allermeisten wünsche ich dir viel Spaß beim Kochen mit deinem Kind.

Julia

GRUNDLAGEN

Was viele über die Montessori-Pädagogik denken ...

»Montessori? Das sind doch die Kinder, die nur das tun, was sie wollen und nix lernen!«

»Montessori ist doch so was wie Waldorf, oder?«

»Ach Montessori – die unerzogenen Kinder, nicht wahr?«

Diese und ähnliche Aussagen begegnen mir in meiner Arbeit als Montessori- Pädagogin und -Bloggerin sehr oft und erinnern mich immer wieder daran, wie wichtig es ist, aufzuklären und all diese Unwahrheiten aus dem Weg zu schaffen. Natürlich weiß ich, dass es die wenigsten böse meinen, wenn sie so über den Erziehungsstil der Montessori-Pädagogik sprechen. Es ist vermutlich nur die Tatsache, dass viele einfach nicht wissen, was dahintersteckt und was genau die Ziele und die Hintergründe sind. Die Montessori-Pädagogik ist nämlich alles andere als »laissez faire« oder eine lockere Haltung gegenüber dem Kind. Im Gegenteil, es geht vielmehr um eine sehr klare Haltung, um Ordnung, Sicherheit und die richtigen Rahmenbedingungen.

»Montessori? Das sind doch die Kinder, die nur das tun, was sie wollen und nix lernen!« Nehmen wir doch mal diese Aussage als Beispiel. Denn sie begegnet mir tatsächlich am häufigsten. Klar – ich ärgere mich natürlich jedes Mal wieder, wenn ich das lese oder höre, aber ich muss sagen, dass ein solcher Kommentar auch in gewisser Weise etwas Wahres in sich trägt. Und zwar den Teil, dass die Kinder das tun dürfen, »was sie wollen«. Das stimmt nämlich, wenn man es ganz genau nimmt. Aber nicht in einer »Mach-doch-was-du-willst«-Art, sondern auf sehr wertschätzende Weise, in der man sich ganz klar an den Bedürfnissen und dem Interesse des Kindes orientiert. Ich werde versuchen, all dies in den nächsten Kapiteln mit Praxisbeispielen und wertvollen Gedanken zu veranschaulichen. Doch vorher möchte ich natürlich noch von einer sehr bedeutenden Person erzählen, ohne die es diesen wundervollen Ansatz wohl gar nicht geben würde – Maria Montessori.

Maria Montessori

Die italienische Ärztin Maria Montessori (1870–1952) ist die Begründerin der Montessori-Pädagogik. Ich bin immer wieder begeistert, welch beeindruckende Frau sie war und was sie mit ihren Beobachtungen und Theorien ins Leben gerufen hat. Auch wenn die damaligen Erkenntnisse in mancherlei Hinsicht schon etwas veraltetet sind und definitiv an die heutige Zeit angepasst werden müssen, ist es unglaublich beachtlich, welch wertschätzendes Bild Maria Montessori damals schon von Kindern hatte und was sie sich alles überlegt hat, um ihnen die Möglichkeit zu geben, selbstständig zu werden und ihren Interessen nachgehen zu können. Die Ärztin eröffnete zahlreiche Kinderhäuser und Schulen und schaffte ein komplett neues Bild vom Kind.

Die von ihr definierten »sensiblen Phasen« sind eine der wichtigsten Erkenntnisse Maria Montessoris, wie ich finde. Jedes Kind durchläuft demnach gewisse Stadien, in denen es besondere Interessen hat, sich für bestimmte Fähigkeiten oder Themenschwerpunkte interessiert. In diesen Phasen ist das Kind hoch motiviert und saugt dabei alles auf wie ein Schwamm. Oft werden Tätigkeiten immer und immer wieder vom Kind ausgeführt, bis sie verinnerlicht sind. Wird es dem Kind verwehrt, sich diesen Interessen zuzuwenden, so ist es meist schwierig, all dies zu einem späteren Zeitpunkt mit gleichem Antrieb und mit gleicher Leichtigkeit zu erlernen. Es liegt also am Erwachsenen, diese Phasen zu erkennen und zu reagieren. In den nächsten Kapiteln werde ich verdeutlichen, was ich damit meine; sicherlich wirst du in manchen Beispielen dein Kind wiedererkennen.

Maria Montessoris Erziehungsansatz ist bis heute einer der bekanntesten. Er sollte in die Welt hinausgetragen werden, weil er vielen Eltern und auch Einrichtungen eine so gute Stütze sein kann. Man braucht übrigens keine pädagogische Ausbildung dazu. Denn um die Montessori-Pädagogik zu Hause einfließen zu lassen, benötigt es nicht viel. Es braucht die richtige Einstellung, Vertrauen zum Kind, ein gutes Bauchgefühl und ein paar sinnvolle Hintergrundinformationen. Damit kann jeder ein Stück »Montessori« zu sich nach Hause holen – vor allem in die Küche.

Kurz und knackig: 10 Montessori-Basics für dich und dein Kind

- »Montessori« ist eine wertschätzende und respektvolle Haltung gegenüber dem Kind.
- Die Umgebung an die Kinder anzupassen führt dazu, dass Kinder selbst tätig und somit selbstständig werden können.
- Dazu ist das Vertrauen von uns Erwachsenen nötig. Wir müssen unseren Kindern mehr zutrauen, denn sie sind schon zu viel mehr in der Lage, als wir es manchmal glauben.
- Die freie Wahl der Tätigkeit steht im Vordergrund. Das Kind entscheidet demnach selbst, was es tun möchte. Es entscheidet auch, wann es dies tut, wo und wie lange.
- Kinder sollten demnach ihrem Interesse immer nachgehen dürfen.
- Das Kind sollte in seinem Tun nicht gestört werden. Dazu braucht es Geduld und Ruhe von unserer Seite – und natürlich auch Vertrauen, das Kind einfach mal »machen zu lassen«.
- Die Beobachtung des Kindes nimmt für den Erwachsenen einen wichtigen Stellenwert ein, denn nur so kann man die richtige Umgebung schaffen.
- Die richtige Umgebung nennt man »vorbereitete Umgebung«. Diese sollte an das Kind angepasst sein und dazu einladen, »selbstwirksam« zu werden.
- »Weniger ist mehr« – und zwar nicht nur, was das Material anbelangt. Darüber erfährst du mehr in den nächsten Kapiteln
- Und das Wichtigste: Den Druck rausnehmen, »etwas perfekt zu machen«. Am besten ist es, sich langsam an die Thematik heranzutasten und nach Bauchgefühl zu handeln.

Das tun, was auch Mama und Papa tun

Und schon tauchen wir ein in das Thema »Practical life«, welches die »praktischen Übungen des täglichen Lebens« meint. Dieser Themenbereich nimmt einen wichtigen Teil der Montessori-Pädagogik ein und umfasst alles rund um das Thema Haushalt, Küche und Hygiene. Dinge, die wir Erwachsene täglich tun und die für uns zu einer selbstverständlichen Routine geworden sind. Ob das nun das Händewaschen, das Fegen oder das Spülen des Geschirrs ist, all diese Dinge beobachten unsere Kinder täglich bei uns. Sie nehmen ganz genau wahr, was und vor allem wie wir etwas machen, und wollen all dies natürlich nachahmen und in gewisser Art und Weise auch selbst tun. Dies ist ein ganz natürliches Verhalten unserer Kinder und beginnt oft schon sehr früh.

Mein Kleiner ist mit seinen anderthalb Jahren schon ganz eifrig dabei, sich in all diesen Tätigkeiten zu üben. Auch mein älterer Sohn war daran schon sehr früh interessiert. Mir ist noch besonders in Erinnerung, wie er mit gut einem Jahr einen Learning-Tower bekam und mir von da an tagtäglich beim Kochen zusah. Bis heute ist er ganz eifrig in der Küche, und es ist richtig schön zu sehen, was er schon alles kann und wie selbstständig er geworden ist.

Info: Learning-Tower/Lernturm ist eine Art Treppe oder Erhöhung für das Kind, um auf Augenhöhe mit den Eltern in der Küche arbeiten zu können.

In der Montessori-Pädagogik versucht man den Kindern zu ermöglichen, dem Bedürfnis des »Selbst-Tuns« und des »Nachahmens« nachgehen zu können. Die wichtigsten Punkte, damit dies gelingt, sind für mich folgende:

- Vertraue deinem Kind.
- Beobachte dein Kind.
- Zeige es deinem Kind.
- Passe die Umgebung an.

Warum Altersangaben keinen Sinn ergeben

»Führe dein Kind immer nur einen Schritt weiter. Dann gib ihm etwas Zeit für einen Blick zurück und sich zu freuen. Es soll merken, dass auch du dich freust. Dann wird es gerne den nächsten Schritt gehen.«

(frei nach Maria Montessori)

Beobachtung

In diesem Buch wird es keine Altersangaben zu den einzelnen Tätigkeiten und Rezepten geben. Ich finde Altersangaben, um ehrlich zu sein, nämlich ein sehr schwieriges Thema. Man kann Kinder nicht alle in einen Topf werfen und davon ausgehen, dass jedes Kind gleich ist. Denn dann müssten ja alle Kinder im gleichen Alter dieselben Interessen und Fähigkeiten haben, und das ist definitiv nicht der Fall. Aus diesem Grund mache ich generell nie Altersangaben, sondern ermutige dazu, das Kind genau zu beobachten, um danach zu wissen, ob es schon bereit ist oder nicht. Die Beobachtung des Kindes in Bezug auf die sensiblen Phasen (siehe Seite 13) nimmt in der Montessori-Pädagogik in allen Bereichen einen wichtigen Stellenwert ein – demnach auch in der Küche. Dennoch möchte ich euch einen kleinen Richtwert geben, damit ihr bei allen Rezepten besser einschätzen könnt, ob euer Kind schon bereit ist, oder nicht.

Zuerst können dir diese Gedanken dabei helfen, deinem Kind die richtigen Tätigkeiten anzubieten:

- Was findet mein Kind gerade spannend?
- Welche Interessen hat es?
- Beobachtet es mich beim Kochen oder generell bei hauswirtschaftlichen Tätigkeiten?
- Möchte es helfen?
- Kommt mein Kind an alles, was es benötigt, auch heran?
- Welche feinmotorischen Fähigkeiten hat mein Kind schon? Was könnte es schon schaffen?

- Welche Utensilien aus der Küche könnten für mein Kind schon passend sein?
- Was braucht mein Kind, um selbst tätig werden zu können?
- Was kann ich verändern, damit es klappt?

Du merkst, die Beobachtung des Kindes ist sehr wichtig, um die passenden Angebote zu machen. Eine Altersangabe würde dabei nicht wirklich helfen. Aus diesem Grund habe ich mich dafür entschieden, dir bei den folgenden Rezepten mit einfachen Symbolen eine kleine Orientierung zu geben. Durch die Beobachtung deines Kindes kannst du dann selbst feststellen, welche Rezepte schon passend sind und welche nicht. Außerdem soll gesagt sein, dass man sowieso nichts falsch machen kann. Sollte die Tätigkeit für dein Kind noch zu schwierig sein, so wirst du das im Tun sicher bemerken und kannst deinem Kind die nötige Hilfestellung geben, oder es zu einem späteren Zeitpunkt erneut versuchen.

Symbole zur Orientierung

1 Hand

Das Rezept ist relativ einfach und ist auch schon für recht junge Kinder geeignet. Es können sehr viele Schritte vom Kind ausgeführt werden. Das Rezept kommt mit wenigen Utensilien und Techniken aus und bietet sich für die ersten Tätigkeiten in der Küche gut an.

2 Hände

Das Rezept ist ein wenig komplexer und fordert ein wenig mehr feinmotorische Fähigkeiten vom Kind. Zudem werden mehrere Utensilien und Techniken kombiniert. Das heißt natürlich nicht, dass du das Rezept mit jüngeren Kindern nicht ausprobieren kannst. Es braucht dann entweder mehr Hilfestellung oder muss hier und da ein wenig abgeändert werden.

Uhr

Die Uhr soll deutlich machen, dass das Rezept etwas mehr Zeit benötigt als andere. Es hat zum Beispiel mehrere Arbeitsschritte oder längere Wartezeiten dazwischen. Man kann solche Rezepte zum Beispiel auf zwei Tage aufteilen oder nur gewisse Teile mit dem Kind ausführen.

Ofen

Das Ofen-Symbol zeigt an, dass bei dem Rezept Herd oder Ofen nötig sind. Das hilft dir dabei, abzuwägen, ob du das Rezept deinem Kind schon zutraust oder nicht.

Messer

Das Messer macht klar, dass in dem Rezept mit Schneidwerkzeug gearbeitet wird, was nicht unbedingt heißen muss, dass es deshalb ein »schweres« Rezept ist. Wie in allen Dingen gibt es auch hier verschiedenste Schneidwerkzeuge, wo auch sicherlich für dein Kind das richtige dabei ist. Falls du deinem Kind noch nicht zutraust zu schneiden, so kannst zum Beispiel du diesen Teil übernehmen oder dein Kind einbinden.

Präsentation einer Tätigkeit

»Erzähle es mir, und ich werde es vergessen. Zeige es mir, und ich werde mich erinnern. Lass es mich tun, und ich werde es behalten.«

(frei nach Konfuzius)

Wir sind das größte Vorbild für unsere Kinder. Sie beobachten uns im Alltag, nehmen all unsere Worte, Gesten und Tätigkeiten intensiv wahr. Danach ahmen sie diese im Spiel und natürlich auch in realen Situationen nach. Mit diesem Wissen im Hinterkopf können wir uns selbst gut reflektieren und versuchen, ein gutes Vorbild für unser Kind zu sein. Dies gilt natürlich auch für die Tätigkeiten in der Küche.

Einer der wichtigsten Punkte in der Montessori-Pädagogik ist demnach die »Präsentation einer Tätigkeit«. Wollen wir unserem Kind etwas Neues anbieten, zum Beispiel einen gezielten Impuls oder eine gezielte Übung, so ergibt es Sinn, dies langsam und achtsam vorzuzeigen, zu präsentieren. Ich habe hier ein paar einfache Tipps für dich, wie dies gelingen kann:

Info: Ein Impuls ist ein von den Eltern oder den Pädagog*innen gesetztes Angebot, welches das Kind dazu animieren soll, selbsttätig zu werden. Besonders in der Montessori-Pädagogik achtet man darauf, dass der Impuls den Interessen und dem Können des Kindes entsprechen.

- Suche dir einen ruhigen Moment aus, wenn du denkst, dass dein Kind kurz aufmerksam sein kann.
- Zeige deinem Kind den Impuls oder die Tätigkeit in logischer Reihenfolge.
- Versuche dabei so wenig möglichst wenig zu sprechen. So muss sich das Kind nicht auf Sprache und Zusehen gleichzeitig konzentrieren und kann die Tätigkeit besser beobachten und verinnerlichen.
- Wähle ein sehr langsames Tempo beim Vorzeigen. So kann dein Kind allen Schritten gut folgen.

Vorbereitete Umgebung

»Dein Kind sollte sich nicht der Umgebung anpassen müssen, sondern du solltest die Umgebung deinem Kind anpassen.«

(frei nach Maria Montessori)

Ein weiterer wichtiger Aspekt in der Montessori-Pädagogik ist die vorbereitete Umgebung. Damit sind das Umfeld und das Material gemeint, welches du für dein Vorhaben brauchst. Damit kann aber zum Beispiel auch ein eigener Bereich des Kindes in der Küche gemeint sein. Ich habe hier eine kleine Checkliste für dich, die dir sicherlich helfen wird:

- Schaffe eine ruhige und gemütliche Atmosphäre.
- Kommt dein Kind an alles ran, was es brauchen wird?
- Kannst du gewisse Dinge in deiner Küche optimieren und vielleicht einen eigenen Bereich für dein Kind schaffen?
- Braucht dein Kind eigene Küchenutensilien, oder kann es mit deinen gut hantieren?
- Bevor du startest, ist es ratsam, alles so gut wie möglich für die Zutaten und Materialien vorzubereiten.
- Mit der vorbereiteten Umgebung schaffst du demnach ein Umfeld, in dem stressfrei gearbeitet werden kann und in dem du dich voll und ganz auf dein Kind konzentrieren kannst.

Ein eigener Bereich in der Küche

Ab einem gewissen Zeitpunkt ergibt es Sinn, dem Kind einen eigenen Bereich in der Küche anzubieten. Das kann ganz einfach mit einem Lernturm beginnen, um dein Kind in die Tätigkeiten dort mit einzubinden. Wenn du merkst, dass dein Kind interessiert ist und auch schon einiges allein erledigen kann, schaffe ihm einen eigenen kleinen Platz, wo es alle Utensilien, die es braucht, findet. Hierbei ist es wichtig, dass du deinem Kind nur Dinge anbietest, mit denen es schon umgehen kann beziehungsweise deren Handhabung und Zweck es kennt.

Mein älterer Sohn hat mit zwei Jahren sein erstes offenes Regal bekommen, wo er alles vorfand, was er eben schon selbst benutzen konnte. Anfangs waren das natürlich ganz wenige Dinge, die immer mehr wurden, je mehr Tätigkeiten er sich angeeignet hatte. Als dann ein paar Monate später sein kleiner Bruder mobil wurde, haben wir ein bisschen umdisponiert und das offene Regal musste weichen. Stattdessen haben wir dann eine Schublade in der Küche freigeräumt und dort all seine Utensilien untergebracht. Damit kommen wir bis heute gut klar. Mal sehen, wann wieder ein offenes Regal für beide Jungs eingerichtet werden kann. Du merkst – man muss dauerhaft flexibel sein und sich an den Kindern orientieren. Da nicht jede Küche gleich ist und auch nicht jeder übermäßig viel Platz hat, habe ich hier ein paar Ideen, die du vielleicht umsetzen kannst:

Ein Körbchen auf der Arbeitsplatte

Eine ganz einfache Idee, vor allem für die erste Zeit, ist ein eigenes Körbchen, welches man nur dann hervorholt, wenn das Kind Interesse zeigt. Es nimmt nicht viel Platz ein und ist eine schöne Lösung, vor allem auch dann, wenn man eine sehr kleine Küche hat. Wenn du möchtest, dass das Körbchen für dein Kind frei zugänglich ist, kannst du es auch in der Nähe des Lernturms oder auf einem Tischchen in der Küche platzieren. Mach das so, wie es für euch am besten passt.

Offenes Regal

Ein offenes Regal kann auf verschiedenste Arten eingesetzt werden. Es kommt dabei ganz drauf an, wie viel Platz du in der Küche hast und wie viele Dinge du darin unterbringen möchtest. Für offene Regale kann ich auf jeden Fall den »Möbelschweden« sehr empfehlen. Da findet sich eigentlich für jede Größe und Höhe das Richtige.

Wie oben erwähnt, ist es wichtig, dass du nur Dinge ins Regal stellst, mit denen dein Kind bereits vertraut ist und deren richtige Handhabung es kennt.

Die eigene Schublade

Meine liebste Idee ist jedoch die eigene Schublade. Denn, Hand aufs Herz, wir haben doch alle zu viel Kram in unserer Küche, und wenn man mal ordentlich ausmistet, dann kann man in den meisten Fällen eine Schublade oder ein Regalfach freiräumen. Dort können dann die Sachen deines Kindes Platz finden. Diese Variante ist nicht nur bei weniger Platz perfekt, sondern auch, wenn ein jüngeres Geschwisterkind da ist, für das offen zugängliche Utensilien eine Gefahr darstellen könnten.

Ich spreche hier übrigens aus Erfahrung. Denn als mein Kleiner mit gut sechs Monaten mobil wurde, war mir das offene Regal meines Großen zu gefährlich. Der Kleine versuchte, sich daran hochzuziehen, und fand die Sachen darin natürlich sehr verlockend. Für mich ist es aber wichtig, dass all die Dinge aus der Küche auch nur für den Einsatz in der Küche genutzt und nicht zweckentfremdet werden. Aus diesem Grund war die »eigene Schublade« dann eine perfekte Lösung für uns. Der Große konnte nun wieder ganz normal an seine Küchenutensilien ran, und für den Kleinen war nun alles wieder babysicher.

Unser Snacktisch

Der Snacktisch ist eine weitere wunderbare Möglichkeit, einen eigenen Bereich zu schaffen, aber auch toll, um den Kindern die Möglichkeit zu geben, sich jederzeit selbst zu versorgen, wenn sie hungrig oder durstig sind. Eine gute Ausgangslage ist, dass dein Kind alles, was es an diesem Tisch vorfindet, kennt und um die Handhabung weiß. Die Sachen vom Snacktisch sollten nicht zweckentfremdet werden, denn es geht nur um eines – um das selbstständige Zubereiten einer Mahlzeit oder eines Getränks.

Als mein Großer gut zwei Jahre alt war, habe ich ihm zum ersten Mal einen Snacktisch vorbereitet. Er fand dort zum einen ein kleines Tablett mit Glas und Wasserkrug, damit er sich jederzeit etwas zu trinken nehmen konnte. Zum anderen gab es auch eine kleine Auswahl an Obst und ein Körbchen mit Brettchen, Teller und Schneidwerkzeug. Unter dem Tisch befand sich ein Eimerchen für den Bio-Müll. Stolz bereitete er sich nun immer mal wieder einen Snack zu, wenn er hungrig war, und konnte sich jederzeit bedienen. Nach und nach habe ich ihm Neues angeboten und Abwechslung geschaffen, was Lebensmittel und Arbeitsutensilien betraf. Hier habe ich ein paar Ideen für dich, wenn du den Snacktisch auch bei dir zu Hause anbieten möchtest:

Info: In der Montessori-Pädagogik gilt es als sehr wichtig, dass Dinge nicht zweckentfremdet werden. Jedes Ding hat seinen Zweck und an diesen führt man die Kinder von Beginn an heran. Demnach natürlich auch in der Küche.

- ein Körbchen mit einem Brettchen und Schneidwerkzeug nach Wahl
- ein kleiner Eimer für Bio-Abfall
- Teller und Schalen für das Anrichten der Snacks
- eine kleine Obstschale
- ein kleines Tablett mit einem Krug Wasser und einem Trinkglas (siehe Seite 29, Wasser einschenken)

»Ich darf den Tisch decken«

Eine der schönsten ersten Übungen rund ums Kochen mit Kindern ist das Tischdecken. Oft zeigen bereits sehr junge Kinder Interesse daran und beobachten gespannt, was beim Tischdecken passiert. Mit ein paar einfachen Tipps kannst du dein Kind teilhaben lassen.

Vielleicht ist dir schon mal aufgefallen, dass dein Kind versucht, dich beim Tischdecken nachzuahmen, indem es wahllos Geschirr aus den Schränken räumt und zum Esstisch bringt? Das hat mein Jüngerer nämlich mit gut 16 Monaten so gemacht. Dies war ein relativ klares Zeichen für mich, dass er da gerade Interesse zeigte. Deshalb habe ich die Umgebung dann so für ihn angepasst, dass er sich besser orientieren konnte. Ich habe hier ein paar Gedanken für dich, wie du dein Kind an dieser Tätigkeit teilhaben lassen kannst:

- Welche Tätigkeiten kann mein Kind schon allein ausführen?
- Kann dein Kind Geschirr, Gläser und Besteck selbstständig erreichen?
- Zusammen den Tisch für eine Familienmahlzeit zu decken, kann ein schönes Ritual sein.
- Braucht dein Kind vielleicht ein Körbchen, in dem es das Besteck tragen kann?
- Schöne Idee: Tischsets mit Einteilung für Besteck und Geschirr. Wir nutzen welche aus Kork, du kannst sie dir aber auch ganz einfach selbst gestalten und danach laminieren. Sie tragen dazu bei, dass jedes Ding seinen Platz hat und dein Kind diese Ordnung verinnerlichen kann.

»Ich darf Wasser einschenken«

Sich selbst ein Getränk zuzubereiten, wenn man Durst hat, ist eine wunderbare praktische Übung des täglichen Lebens, welche man schon sehr jungen Kindern anbieten kann (siehe auch Seite 27, Snacktisch). Ob dein Kind schon bereit dazu ist, kannst du ganz einfach feststellen, indem du es beobachtest:

- Hat mein Kind Interesse daran? Möchte es gerade vieles selbst tun? Verlangt es vielleicht sogar schon manchmal danach?
- Kann mein Kind schon selbst aus einem Glas trinken?
- Ist mein Kind kognitiv schon so weit, diesen Impuls zu verstehen?

Material:

- ein Tablett
- ein kleines Glas
- einen kleinen Krug oder eine kleine Karaffe mit Wasser
- Tuch zum Aufwischen

Vorbereitete Umgebung:

- Das Tablett grenzt den Arbeitsbereich deines Kindes ein und, wenn etwas verschüttet wird, bleibt es dort.
- Platziere Glas und Krug auf dem Tablett und suche dann einen geeigneten Ort für die Übung. Am besten eignet sich ein kleines Tischchen oder ein kleines Regal. Überlege, ob das Tablett immer frei zugänglich sein soll. Am Anfang empfiehlt es sich, die Übung hin und wieder gezielt anzubieten und dann die Utensilien wieder wegzuräumen. Ist sie verinnerlicht, kann man die Übung dauerhaft in den Alltag integrieren.

- Gerade zu Beginn dieser Übung gib nur eine kleine Menge Wasser in den Krug, bis das Kind besser abschätzen kann, wie viel es eingießen kann, ohne dass das Glas überläuft.

- Wichtig: Diese Übung soll kein Spiel sein. Es geht ausschließlich um die Tätigkeit selbst. Wenn du bemerkst, dass dein Kind lieber mit dem Wasser spielen, experimentieren oder es ausschütten möchte, dann ist es vielleicht noch zu früh für diesen Impuls. Hier kannst du deinem Kind vielleicht stattdessen eine Spielidee mit Wasser anbieten und das Wassereinschenken üben, wenn es so weit ist.

Tipp: Falls jüngere Geschwister da sind, ist es eine gute Lösung, das Tablett in sicherer Höhe zu verwahren. Zum Beispiel auf der Arbeitsfläche, damit es über einen Lernturm erreicht werden kann.

Auch das Aufräumen gehört dazu

Das Aufräumen der Küche nach dem Kochen und auch das Abräumen und Saubermachen nach einer Mahlzeit ist für uns Erwachsene selbstverständlich und gehört nun mal einfach dazu.

Wir können unsere Kinder an diesen Tätigkeiten von Beginn an teilhaben lassen, damit auch sie das Aufräumen als selbstverständlich betrachten. Viele Kinder haben außerdem schon sehr früh das Bedürfnis, aktiv daran mitwirken zu dürfen. Es liegt also an uns, dass wir unseren Kindern ein gutes Vorbild sind und eine Umgebung schaffen, in der sie ihrem Interesse nachgehen und selbst tätig werden dürfen.

Mein Kleiner liebt es, nach dem Essen seinen Platz abzuwischen. Schon als er gut ein Jahr alt war, habe ich bemerkt, dass er mir interessiert zusieht, wenn ich den Tisch oder die Arbeitsfläche sauber mache. Seitdem bekommt er auch immer ein Tuch oder ein Schwämmchen, wenn wir nach dem Essen den Tisch reinigen. Er weiß mittlerweile sogar, wo er beides findet, und ich beobachte mit Stolz, wie er sich täglich darin übt und immer mehr Interesse an weiteren Tätigkeiten hat. Hier findest du einige Tipps, wie du dein Kind ganz einfach an das Thema heranführen und das natürliche Interesse aufgreifen kannst:

- Mach die Aufräumarbeiten neben deinem Kind und binde es nach Möglichkeit ein, anstatt diese Dinge immer allein oder am Abend, wenn die Kinder schlafen, zu tun.
- Zeige deinem Kind, wie es geht, und führe es langsam an all diese Tätigkeiten heran.
- Gib deinem Kind zum Beispiel auch ein Tuch in die Hand, wenn du die Fronten der Küche abwischst, oder lass dein Kind beim Ein- und Ausräumen der Spülmaschine helfen.
- Ist dein Kind schon geübter, kannst du ihm nach und nach immer mehr Tätigkeiten anbieten. Mein Älterer liebt es aktuell sehr, das Geschirr zu spülen oder nach dem Kochen mit seinem Besen aufzufegen.
- Es bietet sich auch an, deinem Kind eigene Utensilien zur Verfügung zu stellen oder die wichtigsten Dinge einfach frei zugänglich zu machen.
- Je nach Platz und Möglichkeit können sie in einem offenen Regal, einem kleinen Fach im Haushaltsraum oder auch einfach in einer Schublade untergebracht werden. Dein Kind weiß somit, wo es seine Utensilien findet, und kann zu jeder Zeit aktiv werden, wenn es das möchte.
- Schöne erste Utensilien können zum Beispiel ein kleiner Eimer mit Lappen, ein Stubenbesen oder ein Kehrblech mit kleinem Besen sein.
- Mit einem Lernturm ist dein Kind auf deiner Augenhöhe und kann auch von dort selbst tätig werden. Es kann dir prima zusehen und deine Arbeit beobachten oder aber auch beim Abwischen, Saubermachen, Spülen und natürlich beim Kochen selbst wirksam werden.

Kehrübung nach Montessori

Mit dem Stubenbesen zu fegen oder mit dem Kehrblech sauber zu machen, ist eine der ersten Übungen, die du deinem Kind anbieten kannst. Ich habe meinen Söhnen schon sehr früh den Umgang mit dem Besen und dem Kehrblech gezeigt und die beiden Utensilien immer wieder in unseren Alltag einfließen lassen – beim Aufräumen nach dem Essen, nach dem »sensoryplay« oder wenn etwas verschüttet wurde. Nach und nach wurden die Gegenstände fixer Bestandteil unserer täglichen Routine und sind mittlerweile für beide Kinder frei zugänglich. Dazu passend möchte ich euch gerne eine bekannte Montessori-Übung vorstellen – und zwar das Kehren mit einem Stubenbesen.

Info: #sensoryplay – ist der gängige Begriff für sensorische Spielideen. Es werden mehrere Sinne angeregt, was für die kindliche Entwicklung und die Selbstwahrnehmung sehr wichtig ist.

Material:

- ein kleiner Stubenbesen
- Kehrblech mit einem kleinen Besen
- Klebeband
- Material zum Aufkehren (z. B. Papierschnipsel oder Reste vom Anspitzen der Stifte)

Vorbereitete Umgebung:

Klebe mit dem Klebeband ein Quadrat auf den Boden. In die Mitte des Quadrats klebst du einen Punkt. Stelle Besen und Kehrblech bereit und verteile rund um den Bereich des Quadrats den »Müll«. Führe deinem Kind die Übung nun achtsam vor und achte dabei auf ein eher langsames Tempo, damit es gut folgen kann. Dazu sind nicht viele Worte nötig, denn dein Kind wird sehr gut erkennen, was du machst, und darf anschließend auch die Tätigkeit nachahmen.

Ablauf der Übung

- Kehre mit dem Stubenbesen langsam den »Müll« von außen nach innen in Richtung des Mittelpunkts des Quadrats.
- Stelle den Stubenbesen zur Seite und nimm Kehrblech und den kleinen Besen zur Hand.
- Kehre damit den Müll auf das Kehrblech.
- Transportiere den Müll in den Mülleimer.

Tipp: Du kannst das Quadrat nachher im Bereich eures Mülleimers aufkleben. So kann zu jeder Zeit gekehrt werden, und zwar genau zum Mittelpunkt des Quadrats. Danach kann der Müll auf das Kehrblech gekehrt und in den Mülleimer gegeben werden.

Einkaufen als gemeinsame Aktivität

Neben dem Kochen und den allgemeinen Tätigkeiten im Haushalt gehört auch das gemeinsame Einkaufen der Zutaten oder der große Wocheneinkauf. Das kann ein schönes Ritual sein, bei welchem du dein Kind gut einbinden kannst. Du zeigst ihm damit, dass es selbst wirksam werden kann, dass du ihm vertraust und dass es eine wichtige Aufgabe im Familienalltag übernehmen darf. Außerdem bekommt dein Kind ein erstes Gefühl für den Umgang mit Geld und die Planung eines Einkaufs.

Gedanken zum Einkauf für die Familie

- Lass dein Kind bei der Einkaufsplanung mitentscheiden.
- Vielleicht darf es eine gewisse Anzahl an Dingen selbst auf die Liste schreiben?
- Du kannst deinem Kind auch eine eigene Einkaufsliste geben oder selbst eine gestalten.
- Traue deinem Kind beim Einkaufen verschiedene Aufgaben zu und überlege dir, welche Dinge es im Supermarkt vielleicht schon allein übernehmen kann.
- Vielleicht kannst du deinem Kind einen eigenen Einkaufskorb besorgen?
- Binde dein Kind auch in das Auspacken und Einräumen des Einkaufs ein, so verinnerlicht es dies nach und nach und weiß, wo es alle Sachen findet.
- Wenn du dein Kind hin und wieder auch in den Bezahlvorgang einbindest, kann das ein schöner und wertvoller Moment für euch beide sein.

IMPULSE

Küchen-Impulse für dein Kind

Was ist eigentlich ein »Impuls«?

Als »Impuls« bezeichnet man ein von den Pädagog*innen oder von den Eltern gesetztes Angebot, welches das Kind dazu animieren soll, selbsttätig zu werden. Dabei ist es wichtig, dass man folgende Gedanken in die Planung miteinbezieht:

- ★ Entspricht der Impuls den Interessen meines Kindes?
- ★ Passt der Impuls zum Entwicklungsstand meines Kindes?
- ★ Kann ich den Impuls meinem Kind schon zutrauen?
- ★ Was braucht es, damit mein Kind selbsttätig werden kann?

Mit diesen Gedanken möchte ich dich nun an die Hand nehmen und dir zwölf unserer liebsten Impulse in der Küche vorstellen. Viele Impulse habe ich meinen Jungs schon mit 1,5–2 Jahren angeboten. Und manche davon werden immer wieder verlangt oder neu adaptiert (z. B. zur Jahreszeit passend). Die folgenden Impulse dienen zur Inspiration und können natürlich auch abgewandelt oder kombiniert werden. Fühle dich frei in der Umsetzung!

»Ich presse mir meinen Orangensaft selbst«

Fähigkeiten:

Wenn es draußen kälter wird und der Winter allmählich an die Tür klopft, ist das Selbermachen eines leckeren Orangensaftes eine wunderbare Idee und gleichzeitig ein Impuls, bei welchem dein Kind sehr viele Erfahrungen sammelt und sich wichtige Fähigkeiten aneignen kann.

Zutaten und Material:

- 3–4 Orangen (Empfehlung: Wähle immer Bio-Orangen mit ungiftiger, verzehrbarer Schale)
- Brettchen
- Messer nach Wahl
- handliche Orangenpresse
- Trinkglas

Vorbereitete Umgebung:

Diese Übung klappt super, wenn ihr mit dem Lernturm direkt in der Küche arbeitet. Gerade junge Kinder arbeiten dabei gerne im Stehen, weil sie dadurch ihre Kraft besser dosieren können. Etwas ältere Kinder können dies aber auch gut an einem kleinen Tisch tun. Ein Tablett grenzt den Arbeitsbereich ein und bietet Schutz, falls etwas verschüttet wird. Platziere die Orangenpresse direkt vor dem Kind, daneben das Brettchen mit dem Messer. Bevor dein Kind loslegt, zeige ihm, wie es geht. Biete danach Hilfestellung an, wenn dein Kind danach verlangt.

Tipp: Ein feuchter Lappen unter dem Brettchen verhindert, dass es wegrutscht.

Ziele und Fähigkeiten:

- Arbeiten in einer Reihenfolge
- Konzentration
- Kraftdosierung
- Genauigkeit
- Auge-Hand-Koordination
- Mengenverständnis

»Ich knacke Nüsse«

Fähigkeiten: 🖐🖐

Ob im Nikolausstiefel, auf den Keksen oder in der Brotdose – Nüsse sind immer eine gute Idee! Am besten schmecken sie natürlich dann, wenn man sie selbst knacken darf!

Zutaten und Material:

- Erdnüsse und Walnüsse
- Tablett
- große Schale bei Bedarf
- 2 kleinere identische Schüsseln
- handlicher Nussknacker
- Besen und Kehrblech zum Aufräumen

Vorbereitete Umgebung:

Du kannst die Übung auf einem Tischchen anbieten, so wie wir es gemacht haben, oder aber auch auf dem Boden. Das Tablett ist die Begrenzung des Arbeitsbereichs. Das ist auch hilfreich, wenn man nach Beendigung der Tätigkeit wieder aufräumen möchte. Die Nüsse kannst du in eine große Schale geben oder einfach aufs Tablett legen. Hinzu kommen die beiden kleineren Schüsseln. Eine davon ist für die Nussschalen gedacht, die andere für die essfertigen Nüsse. Lege danach noch den Nussknacker dazu, und schon hast du das Tablett ansprechend vorbereitet. Denke daran, deinem Kind die Übung zu präsentieren (Seite 22, Präsentation einer Tätigkeit), bevor du dein Kind frei damit arbeiten lässt. Nach der Arbeit kann das Kind seinen Platz mit Besen und Kehrblech sauber machen (siehe Seite 33, Kehrübung nach Montessori).

Ziele und Fähigkeiten:

- Konzentration
- Kraftdosierung
- Auge-Hand-Koordination
- Kehren und Fegen anwenden und verinnerlichen

Achtung: Nüsse bitte nur Kindern ab drei Jahren anbieten, da hier die Gefahr des Verschluckens besteht. Du kannst selbst am besten abschätzen, ob dein Kind schon bereit für diese Übung ist.

»Ich schneide meine Banane«

Fähigkeiten:

Wer kennt sie nicht, die Momente, in denen die Kinder einen Snack nach dem anderen wünschen und man eigentlich gar keine Lust mehr hat, Obst zu schnippeln? Traue es deinem Kind gerne zu, dies hin und wieder selbst zu übernehmen (mehr auf Seite 27, Snacktisch). Eine wunderbare Tätigkeit ist das Schneiden einer Banane. Das klappt bereits bei sehr jungen Kindern, und die Freude ist groß, wenn sie sich ihren Snack selbst zubereitet haben.

Zutaten und Material:

- 1 Banane
- Schale für den Abfall
- Brettchen
- passendes Schneidwerkzeug (z. B. Zickzack-Schneider)
- Teller zum Anrichten

Vorbereitete Umgebung:

Am besten kannst du die Tätigkeit auf einem Tischchen vorbereiten oder alternativ auch auf der Arbeitsfläche, wenn ihr einen Lernturm in der Küche habt. Lege alles bereit, was dein Kind für die Tätigkeit braucht, und präsentiere ihm die Übung, bevor es diese zum ersten Mal ausführt. Die Bananenschale kommt in ein Schälchen, die fertigen Bananenstücke auf den Teller.

Ziele und Fähigkeiten:

- Erste Erfahrungen mit Schneidwerkzeugen
- Arbeiten in einer Reihenfolge
- Konzentration
- Auge-Hand-Koordination
- Selbstständigkeit

»Ich streiche mir mein Brot selbst«

Fähigkeiten:

Sich selbst ein Brot streichen. Klingt doch einfach, oder? Für uns Erwachsene ist es das auch, doch für unsere Kinder stellt das eine sehr komplexe Tätigkeit dar. Es sind viele aufeinanderfolgende Schritte, die schlussendlich zum Ergebnis führen. Zeige deinem Kind, wie es geht, und traue ihm ruhig zu, es allein zu schaffen. Der Stolz am Ende, wenn etwas selbstständig geschafft wurde, ist einfach wunderschön. Probiert es aus!

Zutaten und Material:

- Marmelade
- Butter
- Brot
- 2 Schälchen
- Teelöffel
- Brettchen
- Buttermesser
- Brotkörbchen

Vorbereitete Umgebung:

Suche einen geeigneten Platz für die Tätigkeit aus. Das kann ein Tischchen sein, direkt am Esstisch oder aber auch in der Küche auf der Arbeitsfläche. Es kommt dabei immer auf die Gegebenheiten an. Portioniere die Marmelade in eine kleine Schale und gib einen Teelöffel dazu. Schneide die Butter in kleine Flocken und stelle diese ebenso in einer kleinen Schale bereit. Zusammen mit Brettchen, Buttermesser und dem Brotkörbchen kannst du nun alles ansprechend vorbereiten. Wenn du deinem Kind die Tätigkeit das erste Mal anbietest ist es wichtig, diese vorher zu präsentieren (siehe Seite 22, Präsentation einer Tätigkeit).

Ziele und Fähigkeiten:

- Sich selbst ein Brot streichen
- Richtige Messerhaltung
- Kombination mehrerer Tätigkeiten
- Genauigkeit
- Konzentration
- Auge-Hand-Koordination

»Heute schneide ich Schnittlauch«

Fähigkeiten:

Frühling ist Schnittlauch- und Kräuterzeit. Perfekt, um dies auch mit unseren Kindern aufzugreifen! Eine wunderbare Übung ist das Schneiden von Schnittlauch. Doch dies machen wir nicht mit einem Messer, sondern mit einer Kinderschere. Dein Kind übt dabei das Hantieren mit der Schere und trainiert Ausdauer, Konzentration und Genauigkeit. Der selbst geschnittene Schnittlauch schmeckt dann sicher besonders lecker auf dem Butterbrot.

Zutaten und Material:

- 1 kleines Bund Schnittlauch, gewaschen und trocken geschüttelt
- Kinderschere nach Wahl
- 2 identische Schalen oder Gläser
- kleines Tablett

Vorbereitete Umgebung:

Das Tablett grenzt den Arbeitsbereich ein. Wähle für diese Übung auf jeden Fall einen Ort, wo dein Kind gemütlich sitzen kann. Das kann ein Tischchen sein oder auch der Fußboden. Im Garten, auf einem Arbeitsteppich, lässt sich diese Übung ebenso prima umsetzen.

> **Tipp:** Ist dein Kind schon bereit dazu, kannst du danach auch noch alles vorbereiten, damit es sich ein leckeres Butterbrot mit Schnittlauch machen kann (siehe Seite 46, »Ich streiche mir mein Brot selbst«).

Ziele und Fähigkeiten:

- Erste Erfahrungen mit der Schere sammeln
- Richtige Scherenhaltung
- Konzentration
- Genauigkeit
- Auge-Hand-Koordination
- Achtsamkeit

»Ich schneide Erdbeeren«

Fähigkeiten:

Wenn im Sommer die Erdbeeren auch bei uns reif werden, schmecken sie so richtig lecker! Egal, ob im Joghurt, auf dem Kuchen oder einfach zum Snacken – ich zeige dir jetzt eine unserer liebsten Schneidetechniken für weiches Obst: das Schneiden mit dem Eierteiler. Du benötigst dafür kein Messer, und die Übung ist bereits für die Jüngsten schon sehr spannend und gut umsetzbar.

Zutaten und Material:

- frische Erdbeeren, mittelgroß
- Tablett
- Brettchen
- Eierteiler
- Teller zum Anrichten

Vorbereitete Umgebung:

Die Übung bereitest du am besten direkt in der Küche auf der Arbeitsfläche vor. Die Erdbeeren können ziemliche Flecken hinterlassen, auch auf Holzböden – deshalb empfiehlt es sich, in der Küche zu bleiben. Es ist auch wichtig, dass dein Kind bei dieser Übung stehen kann, sodass es seine Kraft gut dosieren kann! Bereite auch gerne Geschirrtuch und Lappen vor, damit dein Kind den Platz danach wieder sauber machen kann, wenn es das möchte.

Ziele und Fähigkeiten:

- Arbeiten in einer bestimmten Reihenfolge
- Genauigkeit
- Auge-Hand-Koordination

»Ich schäle ein Ei«

Fähigkeiten:

Hast du dir schon mal Gedanken darüber gemacht, wie komplex die Arbeitsschritte für ein Kind sind, wenn es ein Ei schält? Die Feinmotorik ist gefragt; zudem aber auch Genauigkeit, Konzentration und Ausdauer. Ein Ei zu schälen ist demnach nicht nur für die Osterzeit ein wunderbarer Impuls, sondern macht das ganze Jahr über Spaß.

Zutaten und Material:

- 1 hart gekochtes Ei
- Tablett
- Brettchen für das Ei
- 2 identische Schälchen für Eierschale und das fertige Ei
- Eierteiler oder kindersicheres Messer (optional)

Vorbereitete Umgebung:

Bereite die Übung an einem Ort vor, der dir für dein Kind am passendsten erscheint. Für ganz junge Kinder kann das am Boden auf einem Arbeitsteppich sein, für ältere Kinder an einem Tischchen oder mithilfe eines Lernturms auf der Arbeitsfläche in der Küche. Es bietet sich hier wieder gut an, ein Tablett als Eingrenzung des Arbeitsbereichs zu verwenden. Älteren Kindern kannst du als Erweiterung einen Eierteiler oder ein Messer zum anschließenden Schneiden anbieten.

Ziele und Fähigkeiten:

- Genauigkeit
- Ausdauer
- Konzentration
- Auge-Hand-Koordination

Erweiterungsidee: Ist dein Kind schon geübter und hat einzelne Tätigkeiten schon erfahren, kannst du das Ganze auch erweitern, indem du mehrere Impulse kombinierst! Dein Kind kann sich zum Beispiel ein Butterbrot streichen, selbst geschnittenen Schnittlauch darüber streuen und das geschälte Ei mit dem Eierteiler schneiden.

»Heute mixe ich mir meinen eigenen Cocktail«

Fähigkeiten:

Diese Tätigkeit liebt mein Sohn. Es macht ihm große Freude, sich selbst oder uns Eltern ein leckeres Getränk zuzubereiten. Schon früh habe ich damit begonnen, ihm diese Tätigkeit anzubieten. Denn sie fördert die Kinder in so vielen Bereichen.

Zutaten und Material:

- größeres Tablett als Eingrenzung des Arbeitsbereichs
- Trinkglas
- Strohhalm
- Zubehör nach Wahl – in unserem Fall ist das:
- kleine Karaffe mit Wasser
- Kännchen mit frischem Zitronensaft
- Schälchen mit Zitronenscheiben
- frische Minze
- Eiswürfel

Vorbereitete Umgebung:

Das Tablett hilft deinem Kind dabei, seinen Arbeitsbereich besser wahrzunehmen. Außerdem ist es ein »Schutz«, falls etwas verschüttet wird. Die Flüssigkeit bleibt, wo sie ist, und das Kind kann dadurch auch besser aufwischen. Die ausgewählten Zutaten ordnest du von links nach rechts in der richtigen Reihenfolge an. Zeige deinem Kind, wie es geht, und traue ihm danach ruhig zu, alle Schritte selbst zu versuchen. Du wirst staunen, wie stolz es dann auf das fertige Werk ist!

Ziele und Fähigkeiten:

- Selbst entscheiden
- Konzentration
- Auge-Hand-Koordination
- Achtsamkeit

»Ich zupfe Ribisel ab«

Info: Ribisel = Johannisbeere

Fähigkeiten:

Zutaten und Material:

- Ribisel
- mittelgroßes Tablett
- 2 identische Schalen

Vorbereitete Umgebung:

Die Übung kannst du prima am Boden auf einem Arbeitsteppich anbieten, natürlich aber auch am Tisch oder vielleicht sogar draußen im Garten auf der Wiese. Dieser Impuls wirkt sehr simpel, dennoch ist es eine komplexe Tätigkeit, die dem Kind viel Feinmotorik und Fingerspitzengefühl abverlangt. Das Tablett grenzt den Arbeitsbereich des Kindes ein. Platziere die beiden Schalen auf dem Tablett und gib in die linke Schale die Ribiselzweige. Die rechte Schale bleibt leer. Nun kannst du deinem Kind die Übung langsam vorführen. Zupfe die Ribiseln behutsam ab und lege sie danach in die rechte Schüssel.

Ziele und Fähigkeiten:

- Feinmotorik und Fingerspitzengefühl
- Konzentration
- Genauigkeit
- Auge-Hand-Koordination

»Ich schäle meine Mandarine«

Fähigkeiten:

Mandarinenduft – und sofort denken wir an den Advent und an die gemütliche, kuschelige Vorweihnachtszeit, oder? Ich möchte dir nun einen wunderbaren Impuls vorstellen, welcher schon für die Jüngsten spannend und vor allem zu schaffen ist.

Zutaten und Material:

- Körbchen mit Mandarinen (wähle am besten Bio-Mandarinen mit verzehrbarer und ungiftiger Schale)
- Schüssel für die Mandarinenschalen
- Teller oder Schüssel für die fertigen Stücke

Vorbereitete Umgebung:

Wir nutzen für das Schälen und Schneiden gerne unseren kleinen Snacktisch, aber auch direkt am Esstisch wird geschält und geschnippelt. Mach das am besten so, wie es für dein Kind und dich am besten passt. Die Schalen der Mandarine wandern in die dafür vorgesehene Schüssel, die fertigen Mandarinenspalten in die andere. Zeige deinem Kind vorher natürlich wieder, wie es geht, und biete Hilfe an, wenn gefordert.

Ziele:

- Konzentration
- Ausdauer
- Auge-Hand-Koordination

»Käse reiben kann ich schon allein!«

Fähigkeiten:

Bei uns gibt es sehr oft Nudeln in verschiedenen Variationen, und am liebsten genießen wir sie mit frisch geriebenem Parmesan. Hast du schon einmal daran gedacht, dein Kind den Käse dafür reiben zu lassen?

Zutaten und Material:

- 1 Stück Parmesan oder anderer Käse
- Käsereibe
- passende Schale
- rutschfeste Unterlage

Vorbereitete Umgebung:

Du kannst diese Übung an einem Tischchen anbieten, falls ihr so eines nutzt, ansonsten eignet sich auch die Arbeitsfläche oder der Esstisch. Präsentiere deinem Kind die Übung langsam und achtsam, um zu signalisieren, dass es hier darauf ankommt, sorgsam zu arbeiten, um sich nicht zu verletzen. Lass dein Kind erst dann üben, wenn du dir sicher bist, dass es die Handhabung kennt und gut mit der Reibe umgehen kann. Wir verwenden übrigens immer eine hochwertige und demnach auch relativ scharfe Reibe, damit das Arbeiten auch gut funktioniert. Aus diesem Grund ist dieser Impuls schon schwieriger, da er schon einige Kenntnisse beim Kind voraussetzt.

Ziele:

- Auge-Hand-Koordination
- Genauigkeit und Konzentration
- Feinmotorik und Fingerspitzengefühl

»Ich mache mir heute mein Müsli selbst«

Fähigkeiten:

Klingt unspektakulär, ist jedoch ein wunderbarer Impuls, bei dem dein Kind selbst tätig werden kann und viele wichtige Fähigkeiten geschult werden.

Zutaten und Material:

- Müslischale
- Schale Joghurt nach Wahl
- 1–2 Sorten Müsli in kleinen Schalen mit einem Teelöffel
- Früchte nach Wahl

Vorbereitete Umgebung:

Dieser Impuls kann sehr gut am Esstisch oder auch direkt auf der Arbeitsplatte am Lernturm stattfinden. Bereite alles was ihr benötigt vor, damit dein Kind gleich losstarten kann. Stelle die leere Müslischale direkt vor dein Kind. Dahinter platzierst du die Toppings in den kleinen Schalen, damit es gleich loslegen kann. Lass dein Kind selbst entscheiden, wie viel es nehmen möchte. Nimm eine beobachtende Rolle ein und lass dein Kind selbst tätig werden.

Ziele und Fähigkeiten:

- Von einem Behältnis ins andere löffeln
- Konzentration
- Auge-Hand-Koordination
- Achtsamkeit
- Mengenverständnis

Erweiterungsmöglichkeit: Ist dein Kind schon geübter in dieser Tätigkeit, bietet es sich an, auch das Obst für das Müsli im Vorhinein zusammen mit dem Kind zu schneiden. Ich kombiniere somit mehrere Impulse zu einer komplexeren Tätigkeit.

REZEPTE

Kindgerechte Rezepte

Einfache Übungen und Impulse aus der Küche, so wie du sie im vorherigen Kapitel erfahren hast, sind für das Kind meist gut nachvollziehbar, weil es sich dabei immer nur um eine Tätigkeit handelt. Es sieht auf einen Blick, was zu tun ist, und kann die Übung nach der Präsentation meist gut nachahmen und für sich selbst anwenden und festigen.

Bei ganzen Rezepten ist es dann so, dass sich die »praktischen Übungen des täglichen Lebens«, also die einzelnen Impulse, die wir unseren Kindern anbieten, zusammenfügen. Wenn du deinem Kind zum Beispiel die Übung zum »Banane schneiden« anbietest, ist dies etwas anderes, als wenn es in einem Rezept einen Bananenkuchen backen darf, in welchem das Schneiden einer Banane ein Teilschritt des gesamten Rezeptes ist. Für uns Erwachsene ist das natürlich kein Problem, da es für uns etwas Selbstverständliches ist, nach einem Rezept zu kochen oder zu backen. Für unsere Kinder ist dies aber natürlich alles andere als logisch. Damit unsere Kinder logische Reihenfolgen von einem Rezept verstehen, fehlt es einfach noch an der kognitiven Entwicklung und natürlich vor allem auch an der Lesefähigkeit.

Als mein Großer mit gut 3 Jahren dann in ein Alter kam, wo er sich sehr dafür interessierte, auch komplette Rezepte mit mir zu kochen, ist mir das natürlich sofort aufgefallen. Ich habe also an einem Konzept getüftelt, wie ich es ihm ein bisschen einfacher und logischer machen kann. Und natürlich wollte ich ihm damit helfen, »es selbst zu tun«. Dabei herausgekommen sind meine Kinder-Rezeptkarten. Ganz simpel und kindgerecht gehalten, sodass die einzelnen Zutaten und Arbeitsschritte gut von den Kindern zu erkennen sind. Ich bin immer wieder erstaunt, wie gut es klappt und wie stolz und freudig er damit selbstständig in der Küche werkelt. Aus diesem Grund habe ich natürlich auch für all unsere Lieblingsrezepte aus diesem Buch passende Kinderrezepte erstellt, die du dir, unter anderem, in meinem Shop downloaden kannst.

KINDER-PANCAKES

Fähigkeiten:

Meine Kinder lieben Pancakes – und am besten schmecken sie natürlich dann, wenn man sie selbst machen darf. Hier kommt unser leckeres Pancake-Rezept, welches deinem Kind viele Möglichkeiten bietet, selbst tätig zu werden. Natürlich kannst du das Rezept auch schon mit sehr jungen Kindern umsetzen.

Material:

- Brettchen
- Gabel
- Rührschüssel
- kleiner Schneebesen
- kleine Pfanne
- Pfannenwender
- Eisportionierer

Vorbereitete Umgebung:

Bei Rezepten wie diesem ist es sehr wichtig, dass du den Arbeitsplatz so gut wie möglich vorbereitest. So habt ihr beim Kochen alles griffbereit und du kannst dich voll und ganz auf dein Kind konzentrieren. Bereite die Zutaten kindgerecht vor. Wiege und miss die Zutaten demnach gerne schon vorher ab und gib sie in kindgerechte Gefäße. Arbeitet dein Kind zum ersten Mal am Herd, lasse es bitte nie aus den Augen. Zeige ihm vorher in Ruhe, wie es geht (siehe Seite 22, Präsentation einer Tätigkeit) und traue deinem Kind dann auch gerne mal etwas zu.

Zutaten für 6 Pancakes

- 1 reife Banane
- 80 ml Milch
- 1 Ei
- 100 g Dinkelmehl
- 2 EL feine Haferflocken
- 1 TL Backpulver
- Butter für die Pfanne, in Stückchen geschnitten auf einem Teller
- Topping nach Wahl (z. B. Puderzucker, Ahornsirup)

1. Lass dein Kind die Banane mit einer Gabel zerdrücken.
2. Milch und Ei in eine Schüssel geben. Verquirlen und danach die zerdrückte Banane zugeben.
3. Lass dein Kind Mehl, Haferflocken und Backpulver mit einem Esslöffel in die Schüssel löffeln. Mit dem Schneebesen unterrühren, bis ein glatter Teig entsteht.
4. Ein Stück Butter in der Pfanne erhitzen.
5. Lass dein Kind nun mit dem Eisportionierer kleine Pancakes in die Pfanne setzen. Es macht nichts, wenn sie nicht perfekt aussehen. Versuche, so wenig wie möglich in das Tun deines Kindes einzugreifen.
6. Pancakes von beiden Seiten hellbraun backen.
7. Nun können die Pancakes nach Lust und Laune angerichtet werden.

WINTERLICHER KINDERPUNSCH

Fähigkeiten:

Kinderpunsch wärmt an kalten Tagen, schmeckt superlecker, und besonders toll ist es, wenn man bei der Zubereitung aktiv mithelfen darf. Bei diesem Rezept wird am Herd gearbeitet, jedoch ist der Rest der Arbeitsschritte auch schon für die Jüngsten eine schöne Möglichkeit, sich aktiv zu beteiligen.

Material:

- Brettchen
- Wellenschneider (optional: Messer nach Wahl)
- Keksausstecher bei Bedarf
- 1 kleiner Kochtopf
- 1 Kochlöffel
- 1 Schöpfkelle
- 2 Tassen

Vorbereitete Umgebung:

Um dich im Tun voll und ganz auf dein Kind konzentrieren zu können, ist es von Vorteil, alles Benötigte so gut wie möglich vorzubereiten. Wasser und Saft bietest du am besten in kleinen Krügen oder Karaffen an. So kann dein Kind diese gut eingießen.

Zutaten für 2 Tassen Kinderpunsch

- 1 Apfel, geschält und entkernt
- 300 ml Wasser
- 150 ml Apfelsaft
- 2 Beutel Früchtetee
- 1 EL Honig, in einem Schälchen

1. Den Apfel auf dem Brettchen mit dem Wellenschneider in kleine Stücke schneiden. (Tipp: Ihr könnt ihn auch in Scheiben schneiden und daraus mit Keksausstechern Formen ausstechen.)
2. Wasser und Apfelsaft langsam in den Topf gießen.
3. Dein Kind darf nun die Teebeutel auspacken und in den Topf hängen.
4. Apfelstücke und Honig vorsichtig zugeben.
5. Den Punsch aufkochen und ein paar Minuten köcheln lassen. Dabei hin und wieder umrühren.
6. Den Punsch nun noch auf Trinktemperatur auskühlen lassen. Danach mit der Kelle in die Tassen füllen. Lass diesen Schritt gerne dein Kind übernehmen. Es macht nichts, wenn gekleckert wird.

ZIMT-KIPFERL

Info: Kipferl = Hörnchen

Fähigkeiten:

Hier kommt eines unserer liebsten Rezepte, welches nicht nur im Advent, sondern das gesamte Jahr über lecker schmeckt. Und obendrein können viele Schritte vom Kind übernommen werden.

Material:

- kleine Schüssel
- Rührschüssel
- Kochlöffel
- Nudelholz
- Messer
- Brettchen
- Backblech, mit Backpapier ausgelegt

Vorbereitete Umgebung:

Für dieses Rezept werden relativ viele Zutaten benötigt. Bereite alles so gut wie möglich vor, damit ihr alles griffbereit habt. Je nach Können deines Kindes kannst du verschiedene Zutaten entweder schon abwiegen und in Schüsseln bereitstellen, oder aber du bindest es zum Beispiel beim Wiegen und Ei aufschlagen mit ein.

Zutaten

- Apfelmus
- Ceylon-Zimt
- 200 g Mehl
- 2 TL Backpulver
- 120 g Quark
- 50 g Zucker
- 1 Prise Salz
- 50 g Milch
- 40 g Öl
- 1 Eigelb, verquirlt

1. Das Apfelmus mit dem Zimt in der kleinen Schüssel verrühren.
2. Dein Kind kann nun nach und nach alle restlichen Zutaten in die Rührschüssel geben. Die Reihenfolge spielt dabei keine Rolle.
3. Zutaten mit dem Kochlöffel zu einem Teig verrühren.
4. Mit den Händen zu einem Teig verkneten. Diese Tätigkeit kann gern dein Kind übernehmen. Biete Hilfestellung an, wenn nötig.
5. Den Teig in 2 Stücke teilen.
6. Ein Stück mit dem Nudelholz zum Kreis ausrollen und dieses in 6 Segmente schneiden.
7. Auf jedes Segment nun ein Teelöffel Apfelmus geben. Dein Kind kann dieses ganz einfach mit der Rückseite eines Löffels verstreichen.
8. Segmente an der breiten Seite beginnend einrollen und dann ein Kipferl daraus formen. Führe deinem Kind langsam vor, wie es funktioniert, und lass es danach selbst versuchen. Korrigiere die Arbeit deines Kindes nicht und greife nur dann ein, wenn es deine Hilfe fordert.
9. Die Kipferl 15–20 Minuten bei 180 °C Umluft backen.

HEISSE SCHOKOLADE

Fähigkeiten:

In der kalten Jahreszeit schmeckt eine wärmende Tasse heiße Schokolade besonders lecker. Hast du gewusst, dass dies eine wunderbare Möglichkeit ist, dein Kind selbst tätig werden zu lassen?

Materialien:

- kleiner handlicher Topf für den Herd
- Krug für die Milch
- Schneebesen
- Schöpfkelle
- 4 kleine Tassen
- Geschirrtuch und Lappen zum Saubermachen

Vorbereitete Umgebung:

Damit du stressfrei arbeiten kannst, ist es sinnvoll, den Arbeitsbereich vorher so vorzubereiten, dass während des Kochens kein Stress entsteht. Denn gerade beim Kochen am Herd ist es wichtig, dass du dein Kind immer im Auge hast. Traue ihm aber gerne etwas zu und gib Hilfestellung, wenn notwendig.

Zutaten für 4 kleine Tassen Kakao

- 500 ml Milch nach Wahl
- 50 g Zartbitterschokolade, fein gehackt
- 50 g Vollmilchschokolade, fein gehackt
- 1 Prise Zimt
- 1 Packung Vanillezucker
- Topping nach Wahl (z. B. Schlagsahne, Mini-Marshmallows, Streusel)

1. Lass dein Kind die Milch in den Topf gießen. Am besten eignet sich dafür übrigens ein kleiner Krug.
2. Die Milch unter stetigem Rühren aufkochen. Lass dein Kind hierbei nicht aus den Augen und gib Hilfestellung, wenn nötig. Besonders beim Aufkochen von Milch kann diese schnell anbrennen.
3. Ist die Milch heiß, nach und nach mit dem Schneebesen die beiden Schokoladesorten dazurühren.
4. Eine Weile weiterrühren, bis die Schokolade geschmolzen ist.
5. Zimt und Vanillezucker ebenfalls einrühren.
6. Dein Kind darf nun mit der Schöpfkelle die heiße Schokolade auf die Tassen verteilen.
7. Je nach Geschmack, die heiße Schokolade nun noch verzieren.

BLUMIGE FLAMMKUCHEN

Fähigkeiten:

Ich verrate euch jetzt eines unserer liebsten Rezepte, und zwar das für die blumigen Flammkuchen. Sie sehen nicht nur hübsch aus, sie schmecken auch echt lecker und bieten jede Menge Möglichkeiten, die Kinder selbst tätig und kreativ werden zu lassen.

Material:

- Brettchen
- Wellenschneider
- Rührschüssel
- Esslöffel
- Kochlöffel
- Nudelholz nach Bedarf
- Teelöffel
- Backblech, mit Backpapier ausgelegt

Vorbereitete Umgebung:

Das Rezept ist eines der herausforderndsten dieses Buchs, da es mehrere Arbeitsschritte hat. Habe Geduld und versuche, so wenig wie möglich in das Tun deines Kindes einzugreifen. Lass dein Kind seine eigenen Erfahrungen machen und biete Hilfe an, wenn es diese benötigt. Bereite den Arbeitsbereich so vor, dass er den Bedürfnissen deines Kindes entspricht. Um dem Kind die Selbsttätigkeit beim Backen zu ermöglichen, ist es sinnvoll, die Zutaten abzuwiegen und schon mal in passende Behältnisse zu geben. Wählt für die »Blumen« Gemüse- und Kräutersorten, die dein Kind gerne mag, und binde es gerne beim Einkauf dieser Zutaten ein (siehe Seite 35, Einkaufen als gemeinsame Aktivität).

Zutaten für 10 kleine Flammkuchen

- Gemüse nach Wahl (Am »blumigsten« wirken Tomate oder Paprika, aber auch Zucchinischeiben sehen toll aus!)
- 250 g Dinkelmehl
- 125 ml Wasser
- ½ TL Salz
- 2 EL Öl
- 1 Packung Frischkäse (250 g)
- frische Kräuter nach Wahl (im Ganzen)
- 1 Packung geriebener Käse (250 g)

1. Das Gemüse in feine Scheiben schneiden und für später bereitstellen. Ihr könnt dafür den Wellenschneider oder eine andere Schneidhilfe nach Wahl verwenden.
2. Lass dein Kind nach und nach das Mehl in die Rührschüssel löffeln. Am besten verwendet ihr dafür einen Esslöffel oder eine Mehlschaufel.
3. Wasser, Salz und Öl zugeben und den Teig mit dem Kochlöffel verrühren.
4. Den Teig gut mit den Händen verkneten. Lass diese Tätigkeit gerne dein Kind versuchen. Biete Hilfe an, wenn notwendig.
5. Den Teig in 10 Portionen teilen und danach zu Kugeln rollen.
6. Den Backofen auf 200 °C Umluft vorheizen. Die Kugeln mit der flachen Hand platt drücken, so gut es geht. Ist dies zu schwer, kann auch ein Nudelholz verwendet werden.
7. Lass dein Kind die kleinen Flammkuchen nun mit Frischkäse bestreichen. Am besten klappt es mit der Rückseite eines Teelöffels.
8. Und nun kommt der lustige Part: Die Flammkuchen nach Lust und Laune belegen. Mit den Kräutern und den Gemüsescheiben die Blumenkunstwerke gestalten.
9. Die Flammkuchen mit dem Käse bestreuen.
10. Die Flammkuchen für 10–15 Minuten unter Beobachtung backen.
11. Das gemeinsame Aufräumen und Spülen kann gerne Teil eurer gemeinsamen Tätigkeit in der Küche sein (mehr dazu auf Seite 31, Auch das Aufräumen gehört dazu).

Tipp: Du kannst das Rezept auch auf zwei Tage aufteilen. Den Teig könnt ihr beispielsweise am Abend vorbereiten und die Flammkuchen dann am nächsten Tag zum Mittagessen fertigstellen!

GRÜNE MUFFINS

Fähigkeiten:

Die Lieblingsfarbe meines Sohnes ist Grün. Grüne Speisen sind demnach meistens ein Highlight für ihn. Ich verrate nun eines unserer liebsten Rezepte – die grünen Muffins. Sie sehen lustig aus, schmecken lecker und obendrein sind sie auch noch gesund.

Material:

- Rührschüssel
- Esslöffel
- Kochlöffel
- Eisportionierer, wenn vorhanden
- Muffinbackform
- 6 Papier-Muffinförmchen

Vorbereitete Umgebung:

Dieses Rezept hat im Vergleich zu anderen relativ viele Schritte, kann aber durchaus auch schon mit sehr jungen Kindern umgesetzt werden. Du weißt natürlich am besten, ob dein Kind die Zutaten schon selbst abwiegen kann oder ob du sie schon vorab abwiegst und in geeignete Gefäße gibst. Für die ersten Male empfehle ich dies auf jeden Fall.

Zutaten für 6 grüne Muffins

- 150 g Dinkelmehl
- ½ Päckchen Backpulver
- 100 g TK-Blattspinat, aufgetaut und zerkleinert
- 1 Ei
- 90 ml Milch, in einem kleinen Krug
- 150 ml Olivenöl in einem kleinen Krug
- 50 g Parmesan, frisch gerieben

Tipp: Lass dein Kind den Parmesan gerne selber hobeln (siehe Impuls »Käse reiben kann ich schon alleine!«, Seite 60)

1. Lass dein Kind das Mehl in die Rührschüssel löffeln. Am besten klappt das mit einem Esslöffel.
2. Nun alle anderen Zutaten dazugeben. Die Reihenfolge spielt dabei keine Rolle.
3. Mit dem Kochlöffel gut vermengen.
4. Den Backofen auf 180 °C Umluft vorheizen.
5. Papierförmchen in die Muffinformen geben.
6. Nun die Masse in die Förmchen geben. Ein Eisportionierer eignet sich besonders gut für diese Tätigkeit und passt perfekt in eine Kinderhand.
7. Muffins mit Parmesan servieren.

REGENBOGENSPIESSE MIT JOGHURT

Fähigkeiten:

Dieses kunterbunte Gericht können schon sehr junge Kinder allein zubereiten. Selbstständiges Schneiden und Löffeln stehen hierbei im Vordergrund und werden durch dieses Rezept geschult und gefestigt.

Material:

- Holzbrettchen
- passende Schneidwerkzeuge (z. B. Wellenschneider, Eierteiler, Messer)
- Schüssel für das geschnittene Obst
- Schälchen für den Joghurt
- Teelöffel
- Holzspieße

Vorbereitete Umgebung:

Der perfekte Ort für dieses Rezept ist die Arbeitsfläche. Mit einem Lernturm kann dein Kind selbstständig arbeiten. Bereite die Umgebung so gut wie möglich vor, damit ihr dann im Tun keine Stressfaktoren habt, sondern euch voll und ganz auf das gemeinsame Zubereiten konzentrieren könnt. Damit das Brettchen deines Kindes beim Schneiden nicht wegrutscht, kannst du ein nasses Schwammtuch darunter platzieren.

Zutaten

- Früchte in den 6 Regenbogenfarben Rot, Blau, Gelb, Grün, Orange und Violett
- Joghurt nach Wahl

1. Die verschiedenen Früchte schälen und in mundgerechte Stücke schneiden. Dein Kind kann hier schon sehr viele Schritte selbst übernehmen. Viele Impulse aus diesem Buch eignen sich perfekt dazu.
2. Die Fruchtstücke in die Schüssel legen.
3. Joghurt in die Schale löffeln. Lass dein Kind dabei selbst entscheiden, wie viel es haben möchte.
4. Nun die bunten Fruchtstücke auf die Holzspieße stecken. Eine wunderbare Übung, die die Feinmotorik deines Kindes fördert.
5. Die fertigen Spieße über die Schale mit Joghurt legen.

Tipp: Leckere Toppings können hier Honig, Müsli oder Haferflocken sein. Falls Obst übrig bleibt, könnt ihr daraus einen leckeren Obstsalat zaubern.

VULKANPORRIDGE

Fähigkeiten:

Vulkanporridge gehört bei uns zu den Lieblingsspeisen. Mein Sohn mag es zum Frühstück, manchmal kommt es aber auch abends auf den Tisch. Es wird einfach nie langweilig, im Porridge nach der Lava zu suchen und den Vulkan ausbrechen zu lassen. Hier siehst du das Rezept zum Nachkochen!

Material:

- kleine Pfanne
- Esslöffel
- Kochlöffel aus Holz
- Schüssel
- kleiner Krug, Karaffe o. Ä.

Vorbereitete Umgebung:

Am besten nutzt du für dieses Rezept einen Lernturm, da dein Kind somit optimal direkt an der Arbeitsfläche und am Herd arbeiten kann. Bereite alles, was ihr braucht, gleich vor und platziere es ansprechend, sodass dein Kind sofort loslegen kann. Lass dein Kind bei der Arbeit am Herd niemals aus den Augen.

Zutaten für 1 Portion

- 40 g Haferflocken, abgewogen, in einer Schale
- 200 ml Milch, in einem kleinen Krug
- 1–2 Stücke Schokolade
- Süße nach Wahl
- Topping nach Wahl (z. B. Obst, Müsli oder Nüsse)

1. Lass dein Kind die Haferflocken in die Pfanne auf dem Herd löffeln.
2. Den Herd erst danach einschalten und mittlere Hitze wählen.
3. Nun darf dein Kind die Milch hineingießen. Gib Hilfestellung, wenn nötig.
4. Stetig umrühren und kurz köcheln lassen, bis die Masse eine gute Konsistenz hat.
5. Mit dem Holzlöffel kann dein Kind sich nun selbst das Porridge in die Schüssel löffeln. Es darf selbst entscheiden, wie viel es haben möchte.
6. Schokolade in die Mitte legen und mit einigen Löffeln warmem Porridge zudecken, damit die »Lava« schmelzen kann.
7. Topping und gerne Süße nach Wahl daraufgeben – und schon ist euer Vulkanporridge fertig zum Genießen!

SCHNELLE KINDERPIZZA

Fähigkeiten:

Pizza geht immer, oder? Ich zeige euch heute unsere geliebte schnelle Pizza, die nicht nur lecker schmeckt, sondern auch ganz einfach von unseren Kindern selbst zubereitet werden kann. Dafür muss kein Pizzateig vorbereitet werden, sodass man sofort mit dem Belag starten kann.

Material:

- Löffel zum Rühren und Streichen
- Backblech, mit Backpapier ausgelegt
- Brettchen
- Schneidehilfe für den Belag (z. B. Wellenschneider)

Vorbereitete Umgebung:

Mit einem Lernturm oder einem kleinen Hocker kann dein Kind ganz bequem direkt mit dir auf der Arbeitsfläche arbeiten. Je nachdem, wie geübt dein Kind ist, kannst du alles Benötigte schon vorbereiten und in Schüsseln geben, oder aber auch die Zutaten für den Belag gemeinsam mit deinem Kind reiben und schneiden. Binde dein Kind gerne beim Einkaufen mit ein, damit es selbst entscheiden kann, welchem Pizzabelag es sich wünscht (mehr dazu auf Seite 35, Einkaufen als gemeinsame Aktivität).

Zutaten für 2 schnelle Pizzas

- 1 EL getrockneter Oregano
- Passierte Tomaten, in einer Schale
- 2 Tortillafladen
- Käse, gerieben
- Belag nach Wahl (z. B. Pilze, Spinat oder Paprika)

1. Zuerst darf dein Kind den Oregano zur Tomatensoße geben und die Masse gut verrühren.
2. Die Tomatensoße auf den Tortillafladen verteilen. Dazu verwendet ihr am besten die Rückseite eines Löffels.
3. Den Backofen auf 180 °C Umluft vorheizen.
4. Den Käse auf den Pizzas verteilen.
5. Belag nach Wahl darauf verteilen.
6. Die Pizzas 8–10 Minuten unter Beobachtung backen.

FRUCHTIGER SALAT

Fähigkeiten:

Die Zubereitung dieses leckeren Sommersalats ist eine sehr schöne Beschäftigung, bei der Kinder selbst tätig werden können. Das Rezept kombiniert einige der vorhergehenden Impulse und ist eine wunderbare Schneidübung.

Material:

- ★ Brettchen
- ★ Eierteiler
- ★ Kugelausstecher
- ★ Wellenschneider
- ★ Schale für den Salat

Vorbereitete Umgebung:

Am besten könnt ihr den fruchtigen Salat zusammen auf der Arbeitsfläche zubereiten. Aber auch ein kleiner Tisch ist geeignet. Bevor es losgeht, ist es ratsam, alle Zutaten und Materialien bereitzustellen.

Zutaten für eine Familien-Portion

- 500 g Erdbeeren, gewaschen
- 500 g Wassermelone, in grobe Stücke geschnitten
- 250 g Feta, in einer kleinen Schale
- Gewürze und Minzblätter (optional)

1. Lass dein Kind nach und nach alle Zutaten für den Salat scheiden.
2. Die Erdbeeren lassen sich prima mit dem Eierteiler in Stücke schneiden. Ihr könnt dafür aber auch ein anderes Schneidwerkzeug eurer Wahl verwenden.
3. Mit dem Kugelausstecher Melonenbällchen formen.
4. Mit dem Wellenschneider, oder einer anderen Schneidhilfe, kann dein Kind den Feta in kleine Würfel schneiden
5. Nun alles in einer großen Schale vermengen und mit einem Kochlöffel gut durchmischen.

KNUSPRIGE KÄSECRACKER

Fähigkeiten:

Die knusprigen Käsecracker sind schnell gemacht und bieten deinem Kind jede Menge Möglichkeiten, selbst tätig zu werden. Die Cracker sind ein herzhafter Snack für zwischendurch, halten sich im Kühlschrank auch ein paar Tage frisch und machen sich besonders lecker in der Brotdose für den Kindergarten oder die Schule.

Material:

- kleine Schalen für die Zutaten
- Reibe (optional)
- Rührschüssel
- Kochlöffel
- Backblech, mit Backpapier ausgelegt
- Wellenschneider

Zutaten für ein Blech Käsecracker

- 60 g Käse am Stück (optional: bereits geriebener Käse)
- 120 g Butter, in Stückchen geschnitten, auf einem Teller
- 180 g Mehl, abgewogen, in einer Schale
- 2 Eier
- 1 EL getrocknete Kräuter
- 1 TL Salz

1. Falls ihr Käse im Ganzen nehmt, lass dein Kind diesen selbst reiben (siehe Seite 60, »Käse reiben kann ich schon allein!«). Davon einen kleinen Teil zur Seite legen.
2. Dein Kind darf nun den geriebenen Käse und alle weiteren Zutaten nach und nach in die Rührschüssel geben. Die Reihenfolge spielt keine Rolle
3. Zutaten mit dem Kochlöffel verrühren und verkneten. Gib Hilfestellung, falls nötig.
4. Nun den Teig zu einer langen Rolle rollen und im Kühlschrank 30 Minuten kühl stellen.
5. Dein Kind darf mit dem Wellenschneider Scheiben abschneiden und auf das Backblech legen (optional klappt das auch gut mit einem Buttermesser).
6. Die Teigstücke nun noch mit Käse bestreuen.
7. Die Cracker bei 175 °C Umluft für 15–20 Minuten in den Backofen schieben.

BROTTÜRMCHEN

Fähigkeiten:

Die Brottürmchen bieten jede Menge Möglichkeiten, dein Kind aktiv und selbst tätig werden zu lassen. Sie schmecken zudem richtig lecker und machen sich nicht nur als Abendbrot gut, sondern sind auch ein echter Hingucker in der Brotdose. Es ist wichtig, die Umgebung so vorzubereiten, dass ihr während des gemeinsamen Werkelns alles da habt, was ihr braucht. Je nachdem, wie geübt dein Kind ist, kannst du bestimmte Dinge schon vorbereiten oder direkt mit ihm erarbeiten.

Material:

- Schalen für die Zutaten
- Kugelausstecher
- Teelöffel
- Ausstecher nach Wahl (z. B. eine runde Form oder ein Glas)
- Brettchen
- kleines Buttermesser
- Wellenschneider
- Holzspieße oder Zahnstocher
- Teller

Vorbereitete Umgebung:

Dieses Rezept ist perfekt, um viele Fähigkeiten, die dein Kind schon erfahren hat, zu vereinen. Impulse werden somit in der Praxis umgesetzt und werden bald zu routinierten Handgriffen. Bereite alle Zutaten, wie oben beschrieben, in kleinen Schalen vor, damit dein Kind alles in der Nähe hat. Damit das Brettchen beim Arbeiten nicht verrutscht, kannst du einen feuchten Lappen darunterlegen. Da es einige Arbeitsschritte sind, ist es von Vorteil, wenn du deinem Kind die Übung vorher präsentierst, damit es die Reihenfolge kennt.

Zutaten für 5 Brottürmchen

- 1 Avocado, halbiert
- Frischkäse
- 5 Scheiben dunkles Brot (z. B. Vollkornbrot)
- 5 Scheiben helles Brot (z. B. Dinkelbrot)
- Gurke

1. Eine Avocadohälfte in eine Schale legen. Diese mit dem Kugelausstecher bereitstellen.
2. Frischkäse ebenfalls in eine Schale geben und mit einem kleinen Löffel bereitstellen.
3. Gemeinsam Kreise aus den Brotscheiben ausstechen.
4. Auf dem Brettchen kann dein Kind die Gurke mit dem Wellenschneider in Scheiben schneiden.
5. Nun die Brotkreise abwechselnd mit Frischkäse oder Avocado bestreichen. Dazwischen hin und wieder eine Gurkenscheibe legen.
6. Die Avocado lässt sich gut mit dem Kugelausstecher portionieren; er ist perfekt für Kinderhände geeignet.
7. Die bestrichenen Brotkreise und auch die Gurkenscheiben nach Lust und Laune auf dem Teller stapeln und mit Zahnstochern fixieren.

Tipp: Sollte es deinem Kind noch schwerfallen, die Brote mit einem Buttermesser zu bestreichen, verwendet einfach die Rückseite eines Teelöffels. Das klappt prima!

Tipps und Kaufempfehlungen

Zum Ende hin ist es mir noch wichtig zu sagen, dass all diese Utensilien natürlich kein Muss sind für das Kochen mit Kindern. Du kannst dein Kind genauso auch mit den vorhandenen Utensilien aus der Küche arbeiten lassen, denn das klappt genauso gut. Es geht ja nicht um die perfekte Montessori-Ausstattung, wie du nun sicherlich schon herausgelesen hast, sondern darum, dass du dem Kind überhaupt die Möglichkeit gibst, aktiv am Küchengeschehen teilzunehmen. Wie du das umsetzt und ob du dir dafür das ein oder andere Material zulegen wollt, bleibt dir ganz allein überlassen.

Für alle, die sich nun aber doch ein paar Utensilien zulegen wollen, kann ich empfehlen, in meinem Shop vorbeizuschauen, denn da gibt es mittlerweile eine ganze Rubrik zum Thema »Montessori in der Küche«. Und passend dazu folgt hier noch eine kleine Zusammenstellung aller Utensilien, die nützlich sein könnten:

Möbel:

- Kleiner Tisch
  - geeignet zum Beispiel für den Snacktisch
  - für Tablett-Angebote und -Impulse
  - für das Vorbereiten von Mahlzeiten
- Lernturm, zum Beispiel von »Ehrenkind«
- Offenes Regal (Hier empfehle ich die große Auswahl von IKEA.)
- Kleiner Tritthocker

Zum Vorbereiten von Speisen:

- Diverse Messer und Schneidwerkzeuge (z.B. von shop.julia-kreativblog.at)
- Verschiedene Holzbrettchen
- Wellenschneider
- Holzschneider
- Kugelausstecher

- ★ Kleines Nudelholz
- ★ Flache Teller mit Rand
- ★ Schälchen verschiedener Größe
- ★ Sparschäler
- ★ Eierteiler
- ★ Zitruspresse
- ★ Nussknacker
- ★ Diverse Zangen
- ★ Löffel und kleine Schaufeln aus Holz
- ★ Messbecher (z. B. Kindermessbecher von »BatiLoo«)
- ★ Kleines Sieb
- ★ Backpinsel
- ★ Bürste zum Säubern von Lebensmitteln
- ★ Kleine Krüge und Karaffen (Mein Tipp: Einfach mal auf dem Flohmarkt stöbern. Wir haben sehr viele schöne Stücke von dort.)

Zum Kochen am Herd:

- ★ Kleine Kochtöpfe (z. B. von RIESS Emaille)
- ★ Kleine, beschichtete Pfanne
- ★ Kochlöffel aus Holz
- ★ Pfannenwender
- ★ Kleiner Schneebesen

Zum Saubermachen:

- Geschirrtücher, Lappen und Schwämme
- Topflappen
- Spülbürste
- Stubenbesen
- Kehrblech mit kleiner Schaufel
- Kleiner Eimer

Sonstiges:

- Aufbewahrung für Rezepte (z. B. eine Mappe oder Box)
- Aufbewahrung für Kinder-Rezepte und Kochbücher (z. B. Körbchen)
- Montessori inspirierte Tischsets (z. B. aus Kork)
- Kleine Schürze

Info: Viele Produkte findest du auch in meinem Shop unter shop.julia-kreativblog.at.

OPINEL

Literaturverzeichnis

Paula Pollik, Lynn Lillard Jessen: *Montessori von Anfang an.* Verlag Herder GmbH, 2012

Tim Seldin: *Kinder fördern nach Montessori.* Dorling Kindersley Verlag GmbH, 2019

Remo H. Largo: *Babyjahre.* Piper, 2019

Laura Baldini: *Lehrerin einer neuen Zeit.* Piper, 2020

Mischa und Vicki Collins: *Mmh, mir schmeckt's.* Riva, 2020

Über die Autorin

Die Autorin Julia Peneder lebt mit ihrem Mann und ihren zwei Jungs in Oberösterreich im schönen Salzkammergut.

Vor der Geburt ihrer Kinder war sie zehn Jahre lang als Kindergartenpädagogin tätig und absolvierte in dieser Zeit ihr Montessori-Diplom. Die Montessori-Pädagogik hat nicht nur ihre Berufslaufbahn geprägt, sondern auch den Lebensstil und die Erziehung ihrer Kinder.

Hauptberuflich ist Julia mittlerweile erfolgreiche Bloggerin auf Instagram (@julia.kreativblog), wo sie täglich Alltags-, Spiel-, und Montessori-Ideen für ihre Community teilt. Nebenbei betreibt sie einen eigenen Onlineshop für Familien und Pädagog*innen. Mit diesem Buch hat sie sich einen Traum erfüllt und möchte weiterhin an ihrer Karriere als Autorin arbeiten.

Danksagung

Mit meinem Buch habe ich mir einen großen Traum erfüllt. Und diesen hätte ich nicht verwirklichen können, hätte mein wundervoller Mann mir nicht immer den Rücken frei gehalten und mich dazu ermutigt, dranzubleiben. Mit großer Selbstverständlichkeit hat er als »Super-Dad« den Haushalt fast allein geschmissen und die Kinder bespaßt, damit ich schreiben konnte. Danke.

Danke an L. und J., meine beiden Mäuse, die mich jeden Tag so unglaublich stolz machen und mir dabei helfen, nicht zu vergessen, dass man die Welt hin und wieder auch einfach mal mit Kinderaugen sehen sollte.

Ich möchte mich auch bei meinen Eltern bedanken, die mich immer unterstützt und mir mit Rat und Tat zur Seite gestanden haben. Genauso auch bei meinem wundervollen Bruder, der immer für mich da ist und mir bei diesem Projekt eine große Hilfe im Hintergrund war.

Ein großes Danke geht auch an meine Lektorin Juliane, die immer ein offenes Ohr hatte für meine Fragen und Zweifel und mich zu jeder Zeit bestärkt hat.

Was wäre ein Buch ohne die perfekten Fotos? Danke an meine Fotografin Florentina, die alle Fotos genauso umgesetzt hat, wie ich sie mir bildlich im Kopf vorgestellt habe. Und danke auch an meinen Fotografen Manfred, der meinem Buch mit den schönen Momentaufnahmen noch den letzten Schliff verpasst hat. Danke auch an Stephanie für die schöne Foodfotografie.

Danke an Alexandra, Sophie, Theresa, Katrin, und Hannah für den Austausch, das Mitwirken, euer offenes Ohr und die lieben Worte, die mich immer wieder bestärkt haben, wenn ich gar nicht mehr weiterwusste.

Und ein großer Dank gebührt natürlich der besten Community, die es gibt! Ohne euch wäre all dies nicht möglich. Danke für den täglichen Austausch, die lieben Worte und die lustigen Nachrichten, die mich täglich zum Schmunzeln bringen.

Zu guter Letzt noch ein riesengroßes Dankeschön an Ulli, von der ich so vieles lernen durfte. Ohne sie hätte ich niemals die Montessori-Pädagogik für mich entdecken können und vielleicht einen ganz anderen Weg eingeschlagen.

Bildnachweis

Stephanie Just: 64, 68, 72, 76, 80, 84, 88, 92, 96, 100, 104, 108, 112,

Manfred Keller: 8, 15, 21, 31, 35, 116

Florentina Klampferer: 3, 10, 17, 23, 26, 27, 28, 29, 36, 38, 40, 42, 44, 46, 48, 50, 52, 54, 56, 58, 60, 62, 67, 69, 70, 71, 73, 74, 75, 77, 78, 79, 81, 82, 83, 86, 89, 90, 91, 93, 94, 95, 97, 98, 99, 101, 102, 103, 105, 106, 107, 109, 110, 111, 113, 114, 115, 120, 121, 125, 126, 127